AF215204

MASSIMO WOLKE

Furzende Katzen

GEGEN

Furzende Hunde

**Die Furzweltmeisterschaft live
aus dem Methan-Stadion!**

MASSIMO WOLKE

Furzende Katzen
GEGEN
Furzende Hunde

**Die Furzweltmeisterschaft live
aus dem Methan-Stadion!**

Bibliografische Information der Deutschen
Nationalbibliothek:
Die Deutsche Nationalbibliothek verzeichnet diese
Publikation in der Deutschen Nationalbibliografie;
detaillierte bibliografische Daten sind im Internet über
http://dnb.dnb.de abrufbar.

© 2017 Massimo Wolke
Herstellung und Verlag:
BoD – Books on Demand, Norderstadt

ISBN: 978-3-7448-0204-8

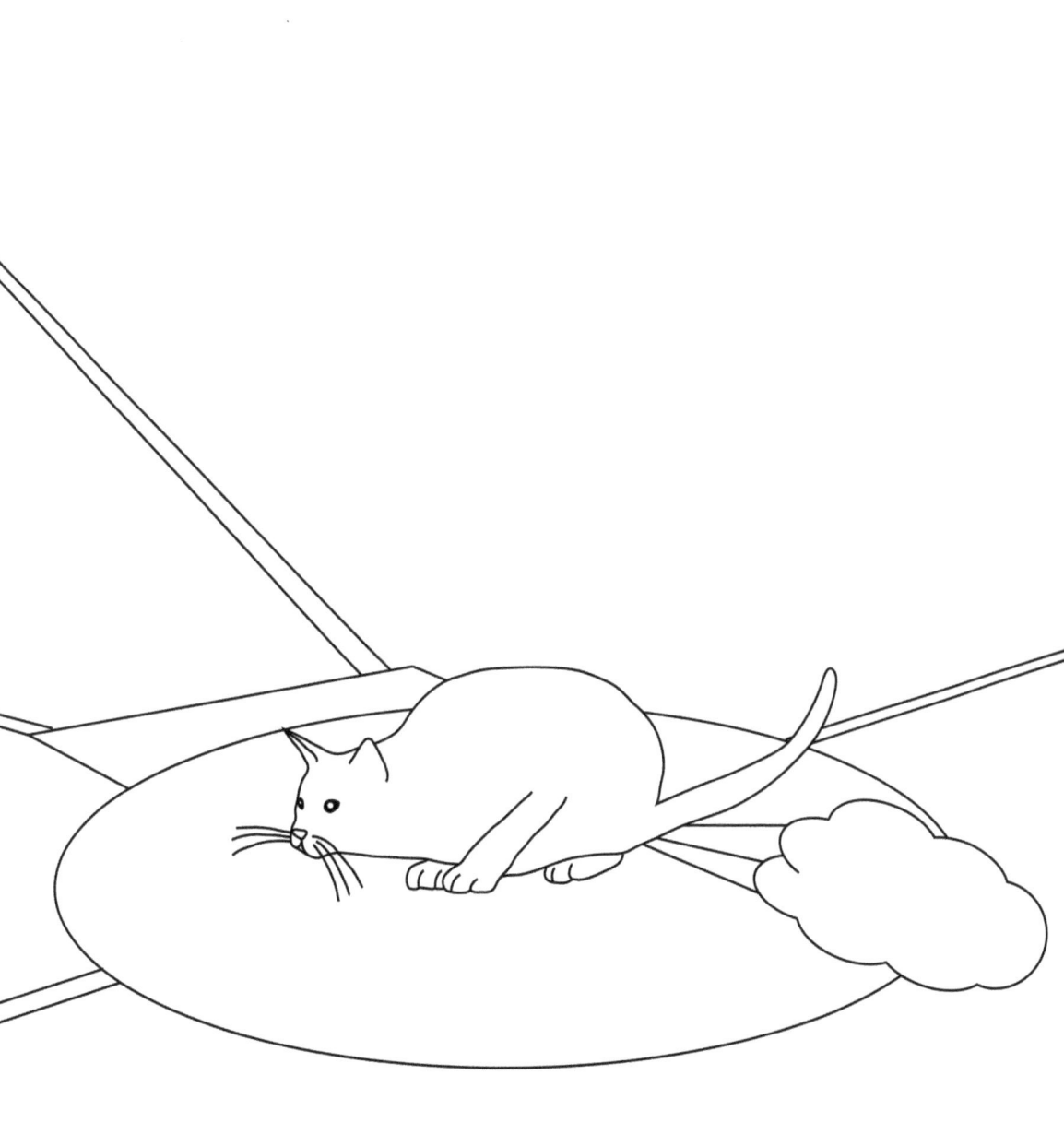

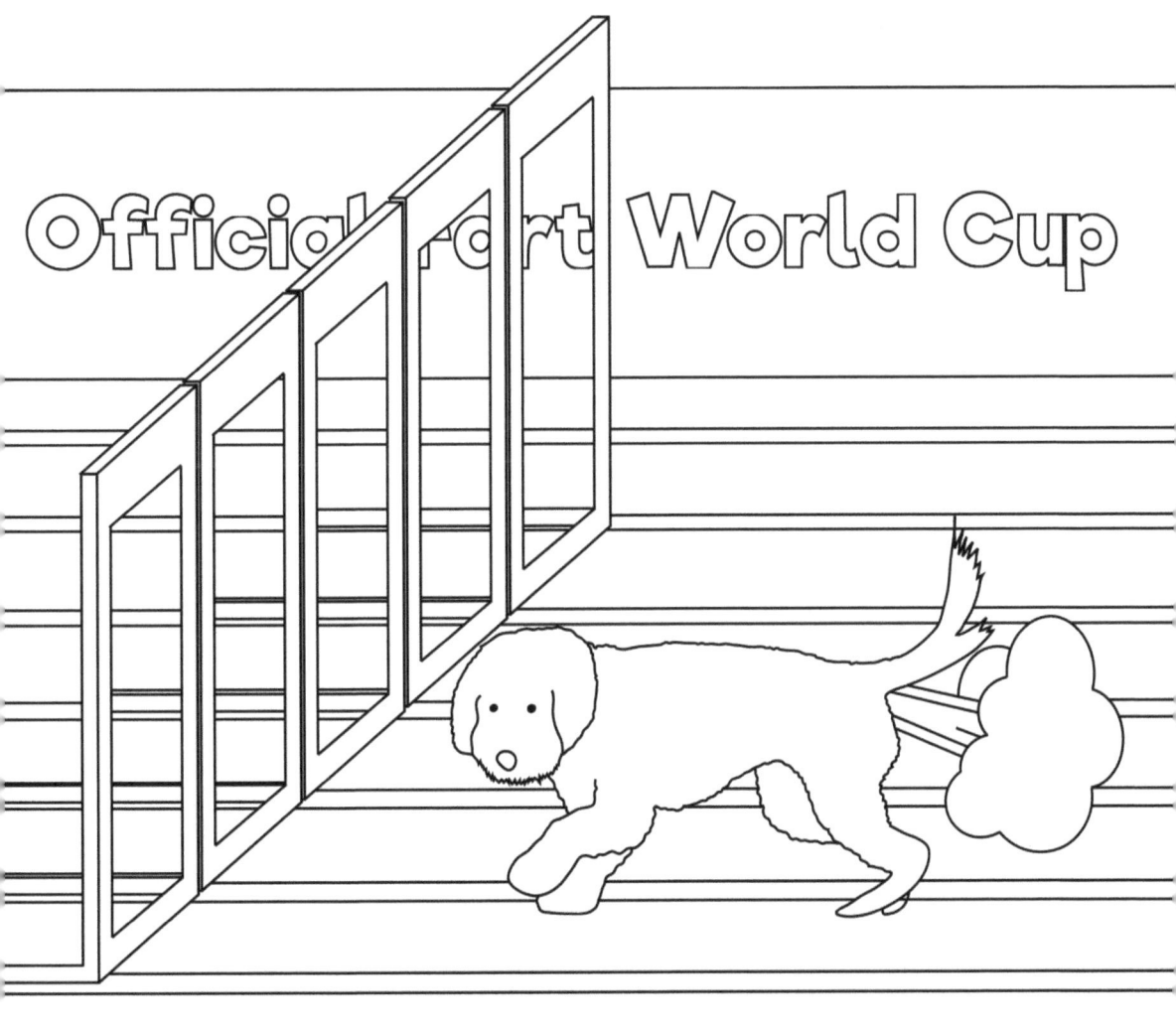

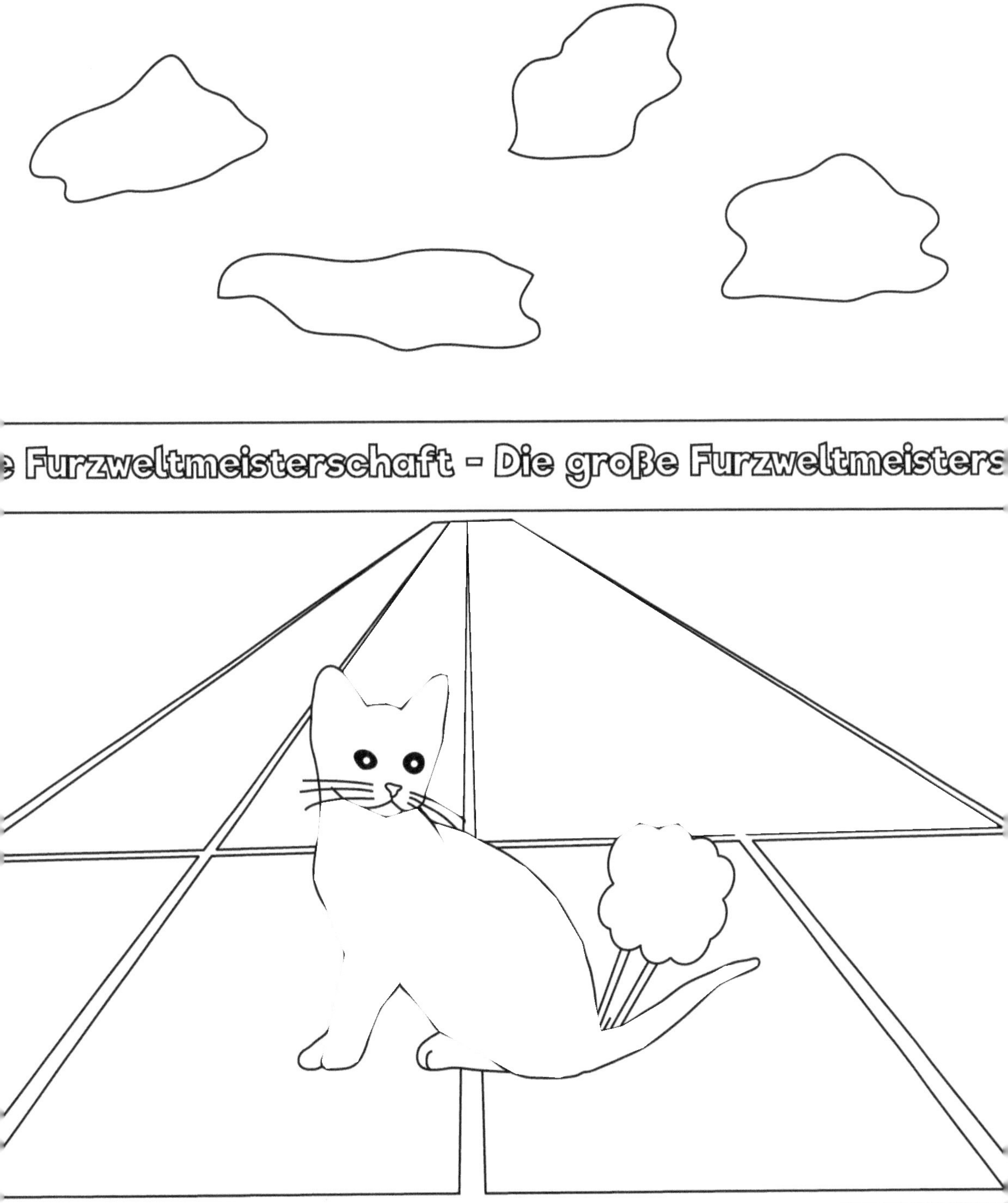
e Furzweltmeisterschaft - Die große Furzweltmeisters

Katzischlürf
Das neue In-Getränk

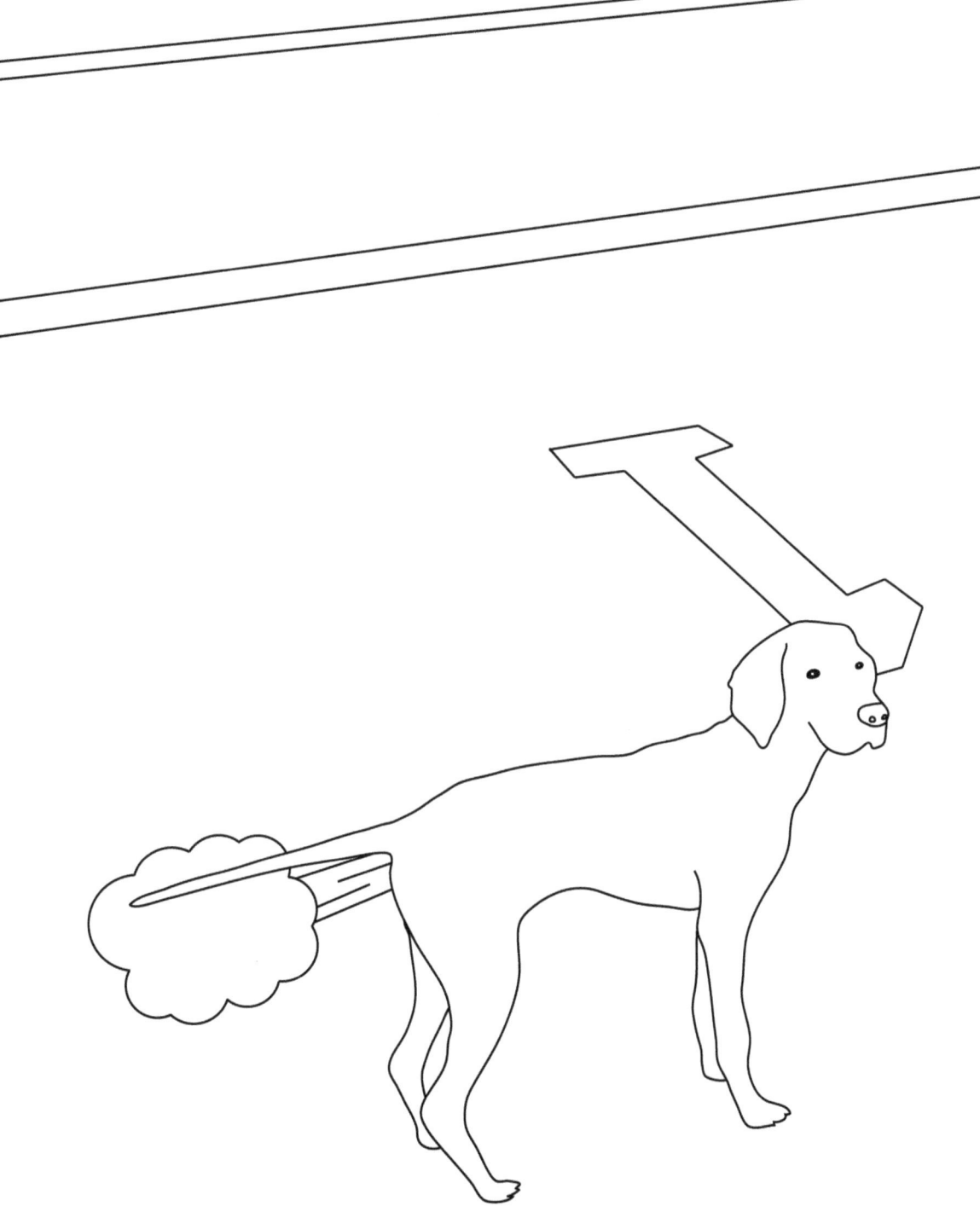